MIENTRAS TANTO…

2

Patricia Cardona

MIENTRAS TANTO...

HILOS DE ORO

Desobedecer al péndulo,
a los hilos atados lentamente
mientras creces,
mientras aprendes

Hilos mágicamente invisibles
para dominarte, manejarte
o para que aprendas;
hilos de amor…dicen,
ataduras apenas perceptibles:

los padres, la escuela,
la sociedad, los amores fofos,
los compromisos con sacerdote de por medio.

Hoy decido, empiezo a desatar la cuerda,
desandar caminos,
romper ataduras. Volar,
Jalar la cuerda hasta casi reventarla,

 y …suspender

Crear mis propias cuerdas.
Con péndulos no hay libertades.
Las cadenas apresan pensamientos,
/asfixian sentimientos.
péndulos solo para amar
ir del extremo mío al extremo tuyo,
ir y venir, no más.

TUS SILENCIOS

Me gustas sencillamente así,
con tus silencios apacibles en el amor
me gusta tu miedo a ser amado y amar
entiendo tu timidez y la oscuridad en que te pierdes.

A pesar de la coraza de caballero valiente
ignorando las lágrimas que oxidaron tu armadura
me gustas a pesar de ti y tu miedo al compromiso

Me gustas por tu entrega silenciosa,
la sencillez en tus besos
tus caricias sin límite,
tu ir y venir me gusta.

Y cuando me recorres…,
cuando estas en mí y yo en ti…,
simplemente entiendo tu silencio.
Así, simplemente eres tú.

PUNTITOS NEGROS

En una conversación con pluma y papel he comprendido
que tenía guardadas muchas letras, mil palabras,
consonantes, puntos y comas.
No lo entendí en toda una vida. No supe cómo
interpretar esos instantes en que ellas corrían, llenaban
espacios vacíos en trozos de papel, haciéndome feliz,
sintiéndome mortal.
Esos días grises en los cuales un cuaderno y un lápiz
llenaron mis silencios, mis soledades.

Frente a la máquina de escribir, me siento suspendida:
volar, viajar, escuchar palabras, historias lejanas ciertas e
inventadas. Y yo desde alguna altura imprecisa
contemplo las letras viajar como lluvia cayendo
lentamente, convirtiéndose en pequeñas manchas de
tinta, en nítidas hojas vacías. Esos hambrientos puntos
negros piden más, no se sacian con ninguna historia,
siempre exigen el doble de lo que llega.
Luego esas manchas imprecisas, alimentan la hoja
llenándola. Ya no la miro. La cierro, la guardo, me voy,
tomo distancia estoy exhausta, me quema.

Y cuando decido regresar, todos esos puntitos de tinta
son palabras que no me pertenecen, tienen vida
propia. Las miro, las leo; me gustan, no parecen mías,
aún así, me gustan.

Las tomo en mis manos, las maquillo, las visto de fiesta,
les regalo mil colores y las dejo libres, que se vayan,
que bailen Infinitas en las manos, en los ojos, en las
mentes de quienes, cualquier día, me lean.

LOS FORMALES

Ese beso sin pensamientos,
sin compromisos, o explicaciones;
beso de realidad silenciosa.
Tu y yo tibios, felices.

El tic tac lento, aturdiéndonos.
Descubrir que nos han robado el tiempo,
suspendido el sueño,
cortado el misterio.

Como si un duende nos adelantara el reloj,
otro perverso se robara el tiempo
y tal vez alguno acelerara el ritmo lentamente
ordenándonos suspender un beso.

Despertamos sorprendidos, enojados,
Con un nuevo tiempo,
nuevo deber,
realidad ignorada.

Y el ridículo tic tac, que nos devuelve,
nos transforma

haciéndonos rígidos en las filas de los formales,
con pensamientos normales.

LIBRE DE NADA

Todo está lleno de silencios.
Los intuyo, en desespero
todo dentro de mí grita, explota, los reconozco
como si renacieran los disfruto.

El primigenio cuando aún no se nace
delicioso disfrute del silencio sin hambres, sin miedos
allí sola, feliz, sin carencias.
Mi oasis personal en la seguridad del vientre.

Los instantes en una mañana temprana frente al mar
contemplando las algas, los peces rezagados por la noche
allí en silencio, sin vida, esperando alimentar al mar.
Esperando que él les permita con su muerte dar vida.

El silencio de una noche con firmamento estrellado
cuando abandono un rincón tibio, gozoso y apacible.
Lugar en el cual y temporalmente dejo los besos,
los abrazos y la vida llena de luz, llena de él.

Mi silencio oyéndote leer poesía.
El nuestro lleno de jazz, trompeta y saxofón.

El silencio rey de silencios mientras
                          /nos dejamos ir y venir,
ese diminuto instante mientras el corazón regresa
parsimoniosamente

Hay otros silencios que me asustan
No los anhelo, los ignoro:
los silencios de ti

Tu ausencia me atormenta
No sé vivir el silencio de ti
el silencio de tus besos no me gusta.

Prefiero dejarte libre,
dejarme libre,
libres al fin de nada.

GOURMET DE ALTA COMPAÑÍA

Cafés, poemas y besos:
cómo no mezclarlos.

Al despertar del día los escribo en la piel,
los llevo puestos, a los tres los tomo.
Aroma de café, poemas elocuentes, besos amorosos.

Años compartiendo historias, café y besos.
Años de historias, palabras no dichas,
cafeína en mis venas confirmando
el "cuenta conmigo".

Cambiaría hoy muchos besos por cafés,
entregaría versos y poemas
por un delicioso y aromático instante
                              /en tu buena compañía.
Leyendo,
en silencio,
disfrutando el minuto.
Apenas tocando tu mano,
sólo cambiando una mirada.

POR TENERTE ASÍ

Un sueño recurrente me regresa a ti,
delirios de tocarte, hacerte real
con mi boca recorrerte lentamente besarte
conocerte con mis sentidos grabar
                              /tu olor en mi memoria.

Liberar a mis manos, para que ellas
                              /me cuenten tu historia,
conocer cada una de las imperfecciones de tu cuerpo.
Tus secretos.
Que mis labios aunque mudos te hablen de amor
ignorar tu cuerpo en los brazos de ella,

Con los ojos abiertos soñarte
caminar tus caminos viajar tus utopías.
Este amarte así, tenerte así:
sin amaneceres, sin despertares ni promesas
llama mis deseos enloquece mis sentidos.

Tu cuerpo lejos de mi alcance.
Tiemblo tus palabras
Mi deseo viaja millas buscando al tuyo

Allí en medio del mar o de algún lugar
tu deseo y el mío comulgan en un abrazo, un beso
amarizándose como nunca nuestros cuerpos lo hicieron.
Como nunca lo harán.

MUSEANDO

En un rincón de la mente
donde los colores son sueños
y las risas son esencia
las figuras danzan libremente

allí existe ese espacio
que se torna Infinito
con rayos de sol
miradas de gatos y vino.

Rincón de sueños antiguos
amores quedados en esquinas olvidadas
imagen de rostros ajenos
escritos en ayeres esquivos

El museo, por las musas libres al viento
concediendo recreos
creando historias y gozando vulvas.

Solos, sin palabras, llenos de colores,
juzgando pecados en primera persona
pecando en segunda y tercera del singular

exonerando culpables en plural

Allí, meciéndonos
como péndulos suspendidos
disfrutando el sol, la risa y el amor

conjugando el verbo vencer
en todos los tiempos:
por lo que pasó, por lo que viene, por lo que vivo.

Risas que se escapan, ocupando marcos vacíos
quedándose en mi ausencia
en las obras que un día serán

El día llegará cuando el hacedor de mágicas figuras,
las ame, las posea.
y llenar de color las almas grises
pintar la risa y dejarla en libertad.

TE INVENTÉ

Lo que me gusta de ti
es cómo llegas y te vas a mi albedrío
tu perfecta presencia en el momento justo,
las palabras medidas,
sabiendo que te dibujé sin falla:

Un amante lejano, enamorado
un amante sin cadenas
sin las trampas del amor
sin moral ni moraleja

Un amante poeta, loco...
poeta al fin
hermoso y tierno
hermoso y pensante

fabricación exótica,
te animé sensible
experimento que da risa
invento emocionante y poético

creación fuerte y misteriosa

para que escribieras versos andantes
inventando caminos
tejiendo y destejiendo utopías

Para que con ese amor inventado
con esa pasión en letras
yo pudiera inventar una historia
y un día acudiera presurosa a las letras

Así con estos versos ganara besos
y con ellos escribiera un poema
eres letra inédita que te esfumas.
Frívolo y campante

Eres mi amor inventado, que te evaporas
y para traerte de vuelta
borro este poema y empiezo de nuevo.

ENSOÑACIÓN

Días ensopados en nubes desobedientes
nostálgicos, grises, brumosos.
Tardes expectantes, agazapadas
esperando noches de silencio y soledad.

Infinitos instantes llamando a mis musas
adivinándolas lejanas, mudas, testarudas.
Insisto, persisto, quizá, pueda confabularlas,
obligarlas a regalarme su presencia.

Oculto llevo el deseo bajo el confort de mis ropas,
absurdo miramiento de hacer creer.
recatos   de antiguos miedos inculcados.
Insulso espectro atrapado en la normalidad.

Decido al fin renacer, romper absurdos.
Abrazo en bienvenida mi nuevo ser libre,
estreno las jóvenes sensaciones
y dejo todas las musas liberadas retozar campantes.

Ellas, portadoras de lujurias mal disimuladas.
Ambos, el deseo y las musas,danzan ociosos.

Unas trayéndome estas palabras,
otras regalándome tu recuerdo.

SINCRONIZANDO

Somos lo que el día trae,
amantes o amigos,
quizá ambas cosas,
buscando amarnos y perdernos.

Así, distintos y dispares,
vibrando en do re mi fa sol,
un solo ritmo,
contradictorios y traviesos,
sintiendo en diferentes tonos musicales.

Llegando al límite y defendiendo la autonomía,
ascendiendo en mi, en fa y en ti.
Somos dos fusionados en uno. Entregados.
Tocando límites propios y ajenos.
El tuyo, el mío.
Solo dos evitando perdernos en uno.

PALABRAS ESQUIVAS

Musas y lujurias que me despiertas,
remolinos de sentimientos sin inventario
Yo en vilo y en vano busco palabras,
todas esquivas, huidizas me espían.

Hoja en blanco suspendida en la espera.
Las palabras no acuden.
Intuyen mis deseos presienten mis temblores.
Mimetizadas en los tonos de las paredes y
                                /las telas de mi cortina
Mirándome ríen divertidas.

Hacen una fiesta con mi cordura.
La poca que me queda.
No quieren venir en mi ayuda
las maldigo y amenazo.

Me levanto, sufro yo, ellas gozan.
Mi salida, mi silencio, mi enojo,
las trae de regreso lerdas ponzoñosas.

Nada dicen se exhiben en carnaval,

sinuosas me traen tu imagen llena de besos y risas.
Entonces siento tu aliento,
presiento la tibieza de tus manos en las mías.

Tiemblo sin moverme sensaciones que certifican la vida
la que tú me das
la que cedes en cada beso.

NOSTALGIA

Besos robados, apurados
nerviosos, raudos
Besos en fin todos ajenos y deliciosos
besos que sellaron un pagaré

Vuelan, vienen y van convertidos en realidad
saldando la deuda de los años
acuden presurosos, con sabor a nostalgia.

Algunos hablando de lejanías
que conmueven y confunden.
Muchos o todos, no nos pertenecen
besarte y dejarte, es desamar lentamente.

Con tus besos valoro los años,
los amigos, los pactos,
la fortaleza del amor,

Sueño encontrarte en una esquina del mundo
y entrelazarnos en un largo beso.
Así, fundidos en esa comunión de nuestras bocas
diluyamos las ataduras del presente

para vivir tú y yo y el pasado
Ese del cual no salimos libres.

MIENTRAS TANTO…

Sentada ahí, ha esperado una vida.
y yo renegando la he buscado.
Sin verla, he pasado por su lado,
quizá por encima de ella.

En cada vericueto veo por ella.
La busco incansable en la risa,
en el vino, en el lujo, en la belleza.

Alocadamente voy con los amigos.
Corremos maratónicos días de trabajo.
Bailamos, cantamos, hasta lloramos.
Y ella… no aparece, es como un novio esquivo;
viene, besa furtivo y desaparece.

En ese halo que deja su ausencia regreso a la desazón,
al miedo de no ser capaz de sentirla.
no quiero que me sorprenda la muerte
                              /sin haberla conocido.

Y mientras tanto ella ahí, sentada en mi mesa de escribir,
tranquila, muda, paciente, esperando que yo

/deje mi testarudez,
que la vea. Que la lea: "Mientras llegas"
Ella repitiendo muda: Guardo la esperanza de que tú
hayas compuesto versos, guardado besos para mí.
Aquí estoy, siempre ha sido así. Soy la felicidad.
Esa que al escribir te hace libre.
En cada letra que escribes estoy,
en cada verso que piensas.
Soy eso que andabas buscando en los llantos, en las
risas, en el dinero, en la pobreza, en el sexo,
en el vino y en los amigos.

Soy esa que te ha esperado en tu mesa de escribir.
Estoy en tu mente, tu mano, tu pluma, tu hoja de papel.
Soy esa que se esconde detrás de la musa en la esperanza
que me reconozcas.

TU LIBERTAD

Sacaré mis talismanes, mis versos en papel
                                    /y mis palabras.
Invocaré la sabiduría que dan los días o los años
la sapiencia de quienes me precedieron.
Construiré castillos, o pequeñas casas,
soñaré vidas amorosas o alegres sueños.
liberaré los cerrojos amando tu recuerdo.

Te dejaré partir con la libertad en los bolsillos.
 Abrazaré tu llegada o despediré tu adiós.
Sé regresar y sé esperar con mis pasiones.
Liberándote apropio mi espacio.
Dejaré ir tu libertad, soltaré la mía.
Y mientras tú te vas; amaré tu silencio.

MUSAS SILENCIOSAS

Las musas escasean
escondidas, juguetonas
danzan mi sensibilidad
trepan indómitas por mi silencio.

Las persigo, las alcanzo
sentadas a mi diestra
solo sueltan lujuriosas palabras
inspiradas en verdades milenarias,
de amores leídos, versados, ideales.
Quizá inexistentes.

VIRTUALIDAD

Dias convertidos en añorar el clic del teléfono.
Abrir los abrazos enredados en Skype
O los besos lentos dibujados del whatsApp
livianas palabras volando en la red.

ya no las letras arrugadas que se amarillean con los años,
ni las viejas cartas llenas de ternura,
                                        /vacías de compromiso,
palabras abandonadas, escritas y vencidas,
aquellas que   escondemos en la memoria.

Ya no el cartero inquieto y sabio,
tampoco el hombre de Neruda recitando metáforas,
olvidados amores por años guardados,
ya no los incomprendidos, desdeñados.

La llegada del amor virtual; un oasis moderno,
tranquilo, reivindicado,
viajando a la velocidad de la luz;
la tecnología confabulada con las pasiones.

Cupido volador que regresa llenando los días,

mensaje fogoso que abandona mis ojos,
                                   /llenando los tuyos,
instantes escritos, minutos sonoros, dedos ligeros
que arman la vida
quedándose conmigo, regresando contigo.

DESESPERANZA

Eso eres tú, el clic del WhatsApp,
la vibración virtual del mensaje,
los sonidos y los timbres,
mil besos suspendidos en el limbo de la línea,

sin whatsaap y sin wifi
el sube y baja de la luz, mi luz
eres las notas que se copian,
las palabras compartidas.

Eres mi amor que no puedo gritar a los cuatro vientos
el amor oculto, agazapado
eres el amor que duele, que niego
eres la ausencia de verte, tocarte y amarte.

eres todo y nada, los días y las noches.
Nosotros, confabulados en voz queda y perdida
con miedo de ser oídos,
con el miedo que da la infidelidad.

Y tú del otro lado del mundo, más allá del mar,
quedo, silencioso y temeroso

de mí, de ti, de este amor prohibido.

lo que me exaspera, amor mío,
es que no existas,
que no seas real.
La desesperanza es que yo te haya inventado.

MIENTRAS LLEGO

Espérame, voy en camino.
No sé cuánto demore; tal vez un día o una vida, desde
siempre o solo por ahora.
Espérame con la seguridad que da el amor

Mientras llego podrás amar, crear lazos, tal vez amarrar
promesas, repartir besos sembrar versos.
Yo haré lo mismo: recojo besos, pido abrazos; siempre
esperando algo más,
a alguien más.
Ninguno de esos abrazos tienen la fuerza que me da uno
tuyo, abrazos silenciosos que encadenan, abrazos con los
cuales veo el mañana.

O tus besos que prometen amaneceres azules
                                    /llenos de sol.
Instantes en los cuales vendes esperanza pese a saber que
los niños mueren,
que traspasan fronteras sin nada más en sus vidas que el
mismo día,
su pesada maleta llena de nadas y porqués,

de las guerras que inventan los poderosos para
mantenerse arriba,
de los hijos perdidos en esas guerras.
Pese a todo tú estás ahí.

En el abrazo que pido que me guardes,
yo duermo la esperanza de que juntos vamos a combatir
y frenar tanta tristeza.
Si me esperas, seremos invencibles enfrentando y
borrando el dolor.

Mientras llego seguramente librarás batallas
                              /en contra de la injusticia,
el mal y la incertidumbre.
Mientras tanto tu cuerpo perderá vigor,
                              /tu cabello no brillará igual
y tus ojos, tal vez, ya no busquen cansados un espacio en
donde plantar el sol que llevan.
Mientras llego quizá puedas guardarme una de esas
sonrisas que llenan los días de esperanza,
tus besos que venden futuro,
o uno de tus abrazos que fortalecen la vida.

ALGÚN LUGAR

Piensas en mí en donde estés.
Allí en ese lejano lugar.
¿hay algo que lleva mi recuerdo?
A mí los vientos marinos me traen tu imagen tu olor.

Una canción una frase,
el beso enamorado de mis vecinos en el metro
El árbol de Navidad en Convent Garden
magia que solo un beso bajo sus ramas puede encender.

Todo tiene un pedazo de ti. Todo se parece a ti.

Dicen que los enamorados se conectan maravillosamente
que piensan el uno en el otro a la vez
                              /comunicándose mentalmente.
Si así es que sepas que todo en mí te desea.
Todo lo que pienso no es bueno
                              /para las mentes moralistas.
Todos mis pensamientos hacia ti están censurados.

LEVEDAD

El knock knock de la puerta
el tic tac del reloj
el pum pum del corazón
antes, durante y después de la pasión

Todas esas sensaciones solo moralizan mis temores.
deseo plasmar estos sonidos en mi piel,
en mi mente, en mi cuerpo.
Así el clic del teléfono y el knock de la puerta
                              /me aviven.

No le apuesto al sonido que se despide en un avión,
o cuando desaparece quien se lleva los besos.
No me quiero, no me gusto fría,
                    /melancólica y suspendida
No me gusta el vacío de besos.

La levedad de la existencia, embriaga el hoy
creyendo en la caducidad de la vida
La levedad de lo mortal,
pensando en la no eternidad.

Acepto el desafuero de sentir,
sin importar quién me juzgará mañana.
No estaré aquí para el juicio final.
la levedad: buen pasaporte a las pasiones

Me declaro mortal y temporal.
No más negativas para amar, sentir.
Amor en pleno uso de todo mi ser
amor sin ataduras, sin armaduras.

No quiero la inexistencia de la fuerza que se queda,
no quiero la ausencia de los besos
                              /silenciando los sonidos
me apropio de ellos, me pertenecen
permanecen cuando tú te vas.

INSOMNIO DE BESOS

Tu abrazándome en el sueño
a las 3:40 de la mañana
sonriendo, lleno de palabras
recitando un poema de besos.

Tu cuerpo en el mío
tu mano en la mía,
tus labios cerrando los míos.
Borrando pensamientos

Podrás cerrar mis labios con los tuyos
podrás con tu cuerpo en el mío acallar mis risas
pero las mariposas de tus besos en mi estómago
no podrás calmarlas, no podrás cambiarlas.

Con ellas esperaré el sueño apacible
tal vez sus alas, te expulsen
y te vayas llevándote contigo el collar de besos
y las mil palabras de amor.

LIBERTAD

La vida, una poesía casi inacabada,
escrita quizá, mientras caminas, mientras luchas,
resguardada en amarillos pergaminos,
rugosos papeles en bolsillos sacerdotales

versos escritos con r de revolución,
algunos empiezan con la j de justicia.
Poetas y santos muriendo en esta búsqueda,
hombres libres luchando sin armas, solo letras.

EL DIOS DEL HEAVEN

Temerle a la muerte
amar a dios sobre todas cosas
sabiduría y grandeza
destrucción y oscuridad

Guerras, soledad y sufrimiento
hombres y mujeres sin consuelo
almas vivientes vagando caminos
solitarios insufribles

Quién lo permite
quién lo ordena
el dios de los hombres
el dios bien amado y permisivo

decidiéndolo todo con su índice acusador
El hombre de los cielos
Implacable en su nube de confort
planeando el porvenir

Solo hay alguien a quien culpar
                    /por la confusión del universo

Ella por ser la muerte
O ella
simplemente por ser mujer.

NUNCA LICENCIADOS

Solamente la muerte nos cerrará los ojos,
solo ella silenciará a los poetas,
pero no podrá matar la poesía.
El poeta muere,
La poesía sigue, la palabra perdura.

Liberar poemas venciendo soledades,
palabras que nacen inocentes, débiles
palabras que crecen, se fortifican
llevando mensajes de luchas o pasiones,
que es lo mismo.

Poemas alimentados con verdad y rebeldía
crecen, se marchan de boca en boca,
de libro en libreta, llevando vida,
sembrando caminos.

Poetas asesinados en guerras civiles,
torturados en revoluciones pasadas,
exiliados en Islas oscuras.
Escribiendo de amor que es un buen exilio,

amando mientras exhalan vida,
Escribiendo de exilios y amores,
esperando pacientes el regreso
el cuerpo paralizado, la mente volando.

Poesía y amor,
exilio y libertad,
no quiero la poesía sin denuncias
poetas silenciados tal vez,
Nunca licenciados.

MAREA BAJA

La calma que da la tarde te aleja de mí, de todos,
perdido en esa línea donde comulgas con el cielo,
de él serán ahora los besos, las caricias y las lágrimas.

Con la noche y el amanecer dejas el horizonte,
regresas lentamente trayendo contigo la esperanza,
esa que me dice que más allá, de donde vienes,
en ese lugar al cual viajaste en grandes
                                    /y pequeñas crestas,
no hay que luchar por la paz, no hay que construirla.

Hablándome de la utopía de esa línea imaginaria,
la misma que el ocaso esconde y el amanecer dibuja…
de que allá, la vida es un balance entre perder y ganar,
entre ser y crecer (,)
de que tus aguas aún saladas, traen esperanza.

A MIS MUSAS

Las que me despiertan, asustan,
esas escondidas en el doblez de mi memoria.
Las que busco en mis bolsillos invisibles,

Aquellas que enfrentadas por los deseos,
trémulas escapan. Vuelan presurosas.
Las que desaparecen cuando más las necesito.
Las que vuelven cuando menos las espero.
Sarta de locas e imprevisibles palabras.

Escritos de locos danzantes inspirados
                              /por elixir alucinógeno
que enloqueciendo mis sentidos
                              /inspiran historias y poemas
mientras yo, sin dudarlo y sin pena alguna las hago mías.

TEMPORALIDAD

¿De dónde salen los amantes?
¿Para qué sirven?
de ninguna parte y casi para todo.
No se traspapelan, no se buscan
No son para practicar el motherhood
tampoco son todo-arregladores
no reparan corazones vencidos
no regresan amores fallidos.

¡Amo su temporalidad!
aparecen y desaparecen,
son etéreos al compromiso
esfumándose con las explicaciones
preciosos oasis en selvas de cemento.

Sirven para alejar la rutina,
romper las estructuras,
investigar sensaciones
disfrutar y gozar,
pero… nunca, para privatizar

EN TUS BRAZOS

Voy tratando de dormir, con miedo a no lograrlo,
sufriendo el delirio de no soñar,
llamando al sueño esquivo
me siento liviana y ligera, si prejuicio alguno.

Temprano te pegaste a mi memoria.
Bebía vino y perdía el aire con tu aliento en mi cuello.
Ahora escribo de ti, del encanto y el desencanto
de ti y de tus ojos verdes, de tu nombre.

Preparo mis sentidos, entrego mis armas,
me desnudo, no solo el cuerpo.
Apago la luz y te traigo a mi recuerdo;
dedos inexistentes en tu rostro borroso.

así, sin saberlo, sueño con soñarte,
entregarme deliciosamente
a tus brazos, si los encuentro,
o en los de Morfeo, si te me fueras.

MAGIA

Puerta y ventana cerradas, lámpara encendida
tinta, pluma, hoja en blanco,
ideas y musas revoloteando
todos listos, ansiosos

deseo escribir sin desnudar el alma
hablar de sentimientos sin entregar las armas
mencionar amores y pasiones sin involucrarlos.
Faltan las palabras, no alcanzan ellas

Decir mucho o negarlo todo,
quizá, no mencionarlo.
Las letras unas veces esquivas, otras ausentes.
Las palabras ociosas insuficientes volantonas,

ellas escasean cuando la pasión apremia,
ellas son pequeñas, tímidas, miedosas huidizas.
juego con ellas y con tu recuerdo
los expulso a ambos los expongo sin vergüenza.

Un alborozo invade el cuarto, me llena.
Viento casi bíblico huracanado, rompe la ventana

Siento tu olor, tu risa.
Y tu evocación está conmigo, tu respiración sobre mí
envolviéndome.
Maravillosa comunión de un beso.

Finalmente las palabras confabuladas, antes etéreas
hacen la magia perfecta, jugando entre ellas
                                    /y en mi contra
acuden reunidas con la musa, con mis ensueños,
y desfachatadas dicen que te aman.

DONMAR

Frente a ti una mañana
te veo energético ir y venir.
Ruges, te vuelcas y entregas lento, animoso,
cubres mis pies, me besas.

A todos alimentas y satisfaces.
Hipnotizas con tu movimiento rítmico,
lento y seguro siempre vas y vuelves.
en ti todos están, contigo ellos viven.

Eres vida, eres movimiento,
eres paz y eres locura.
Muchos de tus aguas salen y allí regresan.

Miles o millones en tu línea invisible se atormentan,
otros tantos y tantos con ese mismo espejismo,
viajan y aman
tu eres el único a la vez pasión y calma vida y muerte

HERMOSO DESCONOCIDO

Soñaré besos que no conozco
Imaginaré tibios abrazos   borrando miedos y dudas
con la distancia elevaré castillos
con el tiempo venceré caminos y llegaré a él

Buscaré días cortos y ligeros
mientras en su ausencia el recuerdo esculpirá instantes
La ansiedad por saber de él me llevará
                                            /al esperado minuto
Ese que cerrará dudas y presunciones

El soñado instante de una comunión perfecta
Conjugación sincronizada de cuerpos y almas
sensaciones y suposiciones y una larga conversación
palabras que van y vienen diciéndome
Hablándole

Que la ansiada espera es la antesala de la mentira
esa que inventé solo por unos ojos
por una mirada que no era para mí

INDICE

23103967R00042

Printed in Poland
by Amazon Fulfillment
Poland Sp. z o.o., Wrocław